La Bendición
de la empresa

*Descubriendo la estrategia de Dios
en la plaza*

Por Tim Troyer

ttox@mac.com

(traduccion en Español por Tim Rovenstine)
tim@rovenstine.com

La Bendición de la empresa

The Blessing of Business,
Discovering God´s Strategy for the Marketplace
Copyright 2008 Tim Troyer

Introducción: Creación y Comercio

Dios es conocido en toda la Biblia como **CREA-
DOR**, o **ELABORADOR**. La historia empieza con
la creación de los cielos y la tierra, y la humanidad. Fue exhibido su Plan y Estrategia en la
Tierra y todos quien la habitan.

Es muy importante saber como esta historia inicia. Que hace Dios, y porque! Si entendemos su
Voluntad y Propósito, esto nos ayudara tener
éxito en cada esfera de nuestra vida. Incluyendo lo que hacemos como fuente de trabajo, la
provisión y recursos que todos necesitamos, para
lograr y cumplir el Designio Original de Dios.

Dios nos ha creado para rendirle culto y gozar-
nos en Su Presencia para siempre. Y todo lo que
El desea hacer en la Tierra......El ha decidido de
hacerlo atreves de los seres humanos. Atreves
de mi....de ti. Dios nos invita a ser participes con
El para lograr que sea hecha en la Tierra, Su
Voluntad, y que su Reino sea extendido.

¿PORQUE EMPRESAS?

3

1.) En Si, ESTE ES LO QUE DIOS HIZO!

Génesis 1 y 2 nos da un bosquejo del Propósito de Dios cuando hizo el Hombre. Estas verdades son que:

A. Dios es un _____ y también El es_____
(Las Respuestas los encuentra al final)

Dios creó la tierra de la nada. El obró, trabajó, El chambiò. Después de 6 días arduos, se descansó. Se quedo mirando la hechura de Sus Manos y dijo ´QUE BIEN, QUE HERMOSO.´- Dios ES productivo, detallistas, hace las cosas estableciendo orden, lo hace con excelencia. También el sabe como descansar, y disfrutar la creación de su poder, supervisando Adan.

B. Dios nos ha creado En Su Propia :_____.

Dios nos hizo en su semejanza. Para hacer cosas igual como El los hace. Edificar. Crear. Construir. Descansar. Fuimos creado para reflejar el Carácter de Dios, Su Naturaleza y hacer Sus Obras. Dios nos invita a ser co-laboradores con el.

C. *Dios nos ha dado* _____ *a*
que seamos-

1. Ser _____. Ser
Productivo, producir resultados, hacer uso de los talentos, fuerzas,
dones para dar incremento y mejorar la calidad de nuestras vidas, y
de toda la creación. (Sn. Juan 15:5,
8, 16)

2. _____. Dios es Dios
quien multiplica. Hizo familias a
reproducirse y multiplicar en numero y grandeza. Nos multiplicamos
en numero pero a la vez multiplicamos en DISCIPULOS, personas
obedientes quienes conocen a Dios.
(Mateo 28:18-20)

3. _____ **La Tierra**. El
llamado que Dios nos ha dado es
para habitar TODA la Tierra. Que en
Toda La Tierra sea llena de personas que cumplen Propósitos Divinos.
Cada Metro cuadrado en la Tierra
es Suyo. Dios desea que La Tierra
fuera Bendecida y produzca para
dar VIDA. Debemos ser personas

que traen bendición en cada esfera del Cosmos-Mundo.

4. _____ **La Tierra**- El llamado es ser Gerente, un Administrador, domando, sojuzgadla, desarrollar su potencial.

5. _____**Sobre Toda La Creación**. Dios nos ha dado autoridad y la responsabilidad sobre la creación, incluyendo los animales. La manera que cuidamos de todo ello es la forma de agradar a Dios.

Dios quiso que La Tierra fuera un lugar de paz, seguridad y abundancia. Mas cuando el hombre cayo en pecado todo fue cambiado. El Hombre fue separado de Dios y la creación entera cayo bajo una maldición. Pobreza, enfermedad, hambre, mortandad vino al mundo.

La Caída no hizo invalido el mandato de Dios. Pero, nuestro pecado presento una necesidad para un Redentor por la Humanidad. Necesitábamos un Salvador quien pudiera restaurar nuestra relación con Dios, y hacer en La Tierra Su Voluntad. Jesucristo vino para reconciliarnos con Dios y cumplir los Propósitos de Dios.

La Voluntad de Dios para la Humanidad no es la pobreza, el desempleo, pecado o conflicto en el mundo. El nos ha llamado a ser Embajadores de Cristo y participar en la Redención del Mundo. Somos participes en La Restauración de la Tierra. Dios nos hace sus aliados para que regresar el mandato de Dios en su Designio Original.

Así que, somos embajadores en nombre de Cristo, como si Dios rogase por medio de nosotros; os rogamos en nombre de Cristo: Reconciliaos con Dios. (2 Cor. 5 v.20)

*¿PORQUE HAY POBRES EN EL MUNDO Y PORQUE TANTOS TIENEN HAMBRE¿

_____

_____

*¿COMO PODEMOS COMBATIR EL PROBLEMA DE LA POBREZA Y EL HAMBRE?

Dios dijo a Su Pueblo en Deut. 28:1-8 Acontecerá que si oyeres atentamente la voz de Jehová tu Dios, para guardar y poner por obra todos sus mandamientos que yo te prescribo hoy, también Jehová tu Dios te exaltará sobre todas las naciones de la tierra.

2 Y vendrán sobre ti todas estas bendiciones, y te alcanzarán, si oyeres la voz de Jehová tu Dios.

3 Bendito serás tú en la ciudad, y bendito tú en el campo.

4 Bendito el fruto de tu vientre, el fruto de tu tierra, el fruto de tus bestias, la cría de tus vacas y los rebaños de tus ovejas.

5 Benditas serán tu canasta y tu artesa de amasar.

¡Estamos viviendo bajo un nuevo y mejor Pacto con Dios! Cristo vino y ha cumplido los requisitos de La Ley y nos ofrece una relación con Dios, justificados delante de El. Cuando estamos correctamente relacionados con Dios, caminar en Sus Caminos, el desempeño, el éxito y abundancia de provisión son los resultados.

EL LLAMADO DE DIOS

Que es la perspectiva de Dios en cuanto a nuestras empresas?   Nos ha creado para que desarrollamos nuestra potencial de Su Creación.

Tomó, pues, Jehová Dios al hombre, y lo puso en el huerto de Edén, para que lo labrara y lo guardase. (Génesis 2:15)

La palabra en Hebraica *ABAD*, es traducido *LABRAR*. Dios utilizo esta palabra con una finalidad especifico.   *ABAD* significa, TRABAJAR o SERVIR. También en muchos textos la palabra fue traducido como RENDIR CULTO (**Adoración**). Muchas veces El Propósito de Dios para nuestros ´trabajos´, es de servirlo a El, en una manera que glorifica a Dios. Tu empresa puede ser un ministerio oportuno para servir a Dios y los demás y de extender El Reino de Dios. Nos da una ventana de oportunidad de dar testimonio mostrando honestidad, integridad, equidad, duro trabajo, excelencia, actitud optimista y todos los principios del Reino de Dios que cada sociedad nacional necesita para que sean exitosos. La gente que nos observan darán cuenta de que Las Promesas y Principios de Dios, SI DAN BUEN RESULTADOS.

Parte Uno, Creación y Comercio

Proverbios 14:34 nos dice que LA JUSTICIA ENGRANDECE LA NACION. Cualquier persona, comunidad, o nación que camina en justicia de Dios, levantará encima de sus problemas que han sido causados por la alienación y el pecado. Entonces, cuando un Cristiano recibe el ´llamado de iniciar un negocio´, debe de existir un propósito mayor que solamente suplir el pan diario.

Cada cosa que hacemos debe de emanar de una relación estrecha y amoroso con Dios, con la finalidad de extender Su Gobierno en la Tierra, y hacer siempre Su Voluntad. Es nuestra oportunidad de crecer en Su Justicia. ¿No es la meta del cristiano? Jesus nos ha dicho que no se debe preocupar tanto sobre que vamos a comer o

con que vamos a vestir. Su PRO-
MESA a los SUYOS, es si PRIMERA-
MENTE buscamos primero El Reino
de Dios, SER y HACER lo correcto,
entonces...solamente entonces,
todas estas cosas serán añadidos.
(Mateo 6:33)

Jesus Dijo: (Sn. Juan 5;19,20) De
cierto, de cierto os digo: No puede el Hijo
hacer nada por sí mismo, sino lo que ve hacer al Padre; porque todo lo que el Padre
hace, también lo hace el Hijo igualmente.
20 Porque el Padre ama al Hijo, y le muestra todas las cosas que él hace; y mayores
obras que estas le mostrará, de modo que
vosotros os maravilléis.

(Juan 15:5)Yo soy la vid, vosotros
los pámpanos; el que permanece en mí, y
yo en él, éste lleva mucho fruto; porque
separados de mí nada podéis hacer.

Jesus es nuestro modelo y punto de
inicio. Aunque es, y era el Hijo de Dios, sin
embargo no actuó en su voluntad propia.
Nunca tomó la iniciativa propia sino espera-
ba para observar lo que Su Padre hacia, y
ES lo que El también hizo. Este es el ejemplo para los cristianos en cada esfera de su

vida, incluyendo las empresas. Viendo lo que hace Dios Padre, morando en Cristo, nuestras vidas profesionales y nuestros negocios llevaran mucho fruto para El. No hacemos Negocios PARA Dios, sino hacemos NEGOCIOS CON Dios. Separados de El, nada podemos hacer.

Esperar a ver donde Dios esta actuando, unate con El!.. Henry T. Blackaby

Las empresas son críticos y muy importantes en nuestro mundo. Nos enlace toda la gente. Dios va a usar los negocios como vía para mostrar el Amor al Prójimo, para alcanzar las necesidades, para extender Su Reino. Negocios hace posible, proveer comida, cobija, calzado y otras importantes necesidades que tienen familias. Las empresas cubre las necesidades de los mas pobres, edifica templos, provee educación, construye comunidades. Genera oportunidades para dar ejemplos del Amor de Dios en acción, moldeando la manera de opiniones de los demás. Nos da oportunidad de poner en practica la FE, confiar en Dios y poner en acción Sus Principios. La empresa es una herramienta muy poderoso en las Manos de Dios.

<u>El primer motivo tal</u> vez es el motivo que impulsa la mayoría de las personas de abrir un negocio: LA NECESIDAD DE GANAR UNA PROVISION que es en si un buen motivo. Dios nos ha ordenado con un mandato de proveer para nuestras familias. Hay momentos que es difícil buscar o crear fuentes de trabajos no solamente para nosotros mismos, sino personas muy cercanas que dependen en nosotros. Iniciando/creando un negocio puede ser un instrumento de provisión de trabajos que permite la bendición de Dios a fluir hacia la comunidad.

San Pablo escribió las indicaciones siguientes: En 1 Tim 5:8

"porque si alguno no provee para los suyos, y mayormente para los de su casa, ha negado la fe, y es peor que un incrédulo."

Así entonces, una manera de mostrar nuestra fe cristiana es proveer fuentes de trabajos por miembros de la familia. Y dice Pablo, *"si no lo hacemos somos peores de los incrédulos."* Desde que Dios nos ORDENA a proveer, ciertamente confiamos que EL NOS AYUDARA cumplirlo con Su apoyo.

Pablo escribió a los Tesalonicenses Capitulo 4: 10 a 12 *Pero os rogamos, hermanos, que abundéis en ello más y más; y que procuréis tener tranquilidad, y ocupaos en vuestros negocios, y trabajar con vuestras manos de la manera que os hemos mandado, a fin de que os conduzcáis honradamente para con los de afuera, y no tengáis necesidad de nada.*

Pablo insistía de que se deben abundar, trabajar mas y mas con sus manos, así NO LES VA A FALTAR NADA.

Jesus dijo que a cada uno Dios le ha dado un/unos talentos, dones, capacidades, tiempo y áreas fuertes. El espera que cada uno haga buen de ello en la vida, para que sea de provecho y haya ganancia 'para Dios' en nuestras vidas. Mateo 25:14

"En el reino de Dios pasará lo mismo que sucedió cierta vez con un hombre que

decidió irse de viaje. Llamó a sus empleados y les encargó su dinero.15 El hombre sabía muy bien lo que cada uno podía hacer. Por eso, a uno de ellos le entregó cinco mil monedas, a otro dos mil y a otro mil. Luego se fue de viaje. "El empleado que había recibido cinco mil monedas hizo negocios con ellas y logró ganar otras cinco mil. El que recibió dos mil monedas ganó otras dos mil. Pero el que recibió mil monedas fue y las escondió bajo tierra. "Mucho tiempo después, el hombre que se había ido de viaje regresó y quiso arreglar cuentas con sus empleados.20 Llegó el que había recibido cinco mil monedas, se las entregó junto con otras cinco mil y le dijo: "Señor, usted me dio cinco mil monedas y aquí tiene otras cinco mil que yo gané". "El hombre le dijo: "¡Excelente! Eres un empleado bueno y se puede confiar en ti. Ya que cuidaste bien lo poco que te di, ahora voy a encargarte cosas más importantes. Vamos a celebrarlo".

"Después llegó el empleado que había recibido dos mil monedas y le dijo: "Señor, usted me dio dos mil monedas y aquí tiene otras *dos mil que yo gané". "El hombre le contestó: "¡Excelente! Eres un empleado bueno y se puede confiar en ti. Ya que cuidaste bien lo poco que te di, ahora voy a encargarte cosas más importantes. Vamos a celebrarlo Por último, llegó el empleado que había recibido mil monedas y dijo: "Señor, yo sabía que usted es un hombre muy exigente, que pide hasta lo imposible. Me dio miedo y escondí el dinero bajo tierra. Aquí le devuelvo exactamente sus mil monedas". "El hombre le respondió: "Eres un empleado malo y perezoso. Si sabías que soy muy exigente, ¿por qué no llevaste el dinero al banco? Al volver, yo recibiría el dinero que te di, más los intereses".*

El Mayordomo había dividido entre los siervos las monedas, a cada quien según su capacidad. Nadia había recibido algo que no era suficiente capaz de administrarlo. Dios nos da talentos, y espera que nosotros actuamos responsables y sabiamente y fieles. Tu responsabilidad es hacer buen uso de estos talentos y producir un incremento, abundar. Iniciando un negocio es una manera de mostrar los talentos, creatividad, recursos que tienes siempre para dar incremento y producir.

Acuerda Lucas 12:48: *"porque a todo aquel a quien se haya dado mucho, mucho se le demandará."* Una medida a cada uno ha sido dado. Nos toca ser diligentes para responder como se debe. con el uso de nuestros talentos, tiempo, recursos, sirviendo a Dios en Todo, TODO el Tiempo. Cuando damos caso omiso, perdiendo tiempo, oportunidades, exhibiendo que somos perezosos, desobedientes, da a conocer que somos siervos inútiles. Iniciando un negocio puede ser una forma excelente para mostrar al mundo lo que Dios te ha otorgado.

Un Secundo Motivo puede ser un deseo de mostrar La Generosidad .

Una de las bendiciones mayores en la vida es poder ser generoso. En verdad si es MAS BENDICION DAR QUE RECIBIR.. (Hechos 20:35) Dios nos desea bendecir PARA QUE seamos generosos a El, y a los demás. El provea fielmente, no solamente para saciar lo que necesitamos, sino también a su vez para bendecir a otros. Esta es la Voluntad de Dios revelada.

"Y el que da semilla al que siembra, y pan al que come, proveerá y multiplicará vuestra sementera, y aumentará los frutos de vuestra justicia, para que estéis enriquecidos en todo para toda liberalidad, la cual produce por medio de nosotros acción de gracias a Dios."

Generosidad es uno de los principios mas fuertes que impulsa a las empresas. Toma la decisión aun ANTES de iniciar un negocio de ser una persona muy generoso.

Prov. 11:24, 25 *Hay quienes reparten, y les es añadido más;*

Y hay quienes retienen más de lo que es justo, pero vienen a pobreza.

El alma generosa será prosperada;

Y el que saciare, él también será saciado

Prov. 28:27 *El que da al pobre no tendrá pobreza;*

Mas el que aparta sus ojos tendrá muchas maldiciones.

Malachi 3:9,10 *probadme ahora en esto, dice Jehová de los ejércitos, si no os abriré las ventanas de los cielos, y derramaré sobre vosotros bendición hasta que sobreabunde. Reprenderé también por vosotros al devorador, y no os destruirá el fruto de la tierra, ni vuestra vid en el campo será estéril, dice Jehová de los ejércitos. Y todas las naciones os dirán bienaventurados; porque seréis tierra deseable,*

En Israel, el Pueblo de Dios recibían indicaciones de la manera de cosechar:

Cuando segareis la mies de vuestra tierra, no segaréis hasta el último rincón de ella, ni espigarás tu siega; para el pobre y para el extranjero la dejarás. Yo Jehová vuestro Dios.

Dios tuvo una expectación de ellos de cumplir su mandamiento en dejar algo de la cosecha para los pobres, los forasteros, gente despojados de terrenos entre ellos.

Recuerde: <u>LOS RINCONES DE TU CAMPO PERTENECEN A LOS POBRES.</u>

El deseo de Dios es que la cosecha no solamente provee para lo que uno necesita, sino otros en la comunidad necesitados. Todo proyecto de desarrollo debe iniciar con generosidad y volver terminando en generosidad. Es un circulo. No debes sentirte realizado hasta que dedicas tus rincones a Dios. La promesa es que el que DA al pobre, no tendrá pobreza. Cree Su Promesa, y hazlo. Trabajo duro con tus manos y sudor, para así ser generoso. Estaba en los planes de Dios que uno CLAMA y pide a Dios en sus labores, para ser fiel. Cuando las empresas son bendecidos, habrá generosidad en la Iglesia, y se puede dar en abundancia a los que lo necesitan.

Un Tercer Motivo para iniciar un negocio puedes ser Para Extender El Reino de Dios.

Cuántas veces la gente van a ver El Amor de Dios en la manera que tu actúas en tus negocios. Tal vez en las experiencias que ellos han tenido con los hermanos o con un pastor abusivo, verán en ti, el Amor verdadero de Dios. Para en si, nuestros negocios se deben reflejar que Dios gobierna en cada esfera de nuestras vidas.

El Reino de Dios sencillamente significa El reino sobre lo cual el Rey esta reinando. Cuando se hace la voluntad de Dios, EL es El Rey. Cuando hacemos las cosas como Dios ordena, su Reino es visible. Igual como Adan tuvo una Huerta, Dios a ti ha dado una parcela sobre la cual tu exhibes autoridad y donde influye.

Mateo 6:33 No os afanéis, pues, diciendo: ¿Qué comeremos, o qué beberemos, o qué vestiremos?Porque los gentiles buscan todas estas cosas; pero vuestro Padre celestial sabe que tenéis necesidad de todas estas cosas.

Mas buscad primeramente el reino de Dios y su justicia, y todas estas cosas os serán añadidas. Así que, no os afanéis por el día de mañana, porque el día de mañana traerá su afán. Basta a cada día su propio mal.

El mismo nos enseño que debemos orar así: *Venga tu reino. Hágase tu voluntad, como en el cielo, así también en la tierra*

La búsqueda mas intensa y mas persistente en cada cristiano debe ser Buscad _____ y _____. Cuando arranca un negocio o empresa se pone en marcha una esfera que influye personas, tal como era la Huerta de Edén. Es un sitio donde trabaja uno JUNTAMENTE con Dios, buscando Su Voluntad para aplicarla y cumplirla. Este proyecto o empresa permite que:

- Haya oportunidad para que en el Pueblo de Dios sean líderes e influyen en la sociedad.
- Haya oportunidad para exaltar el estandarte de la justicia y rectitud de Dios en la plaza cívica.
- Haya oportunidad para que se ven los valores morales de los cristianos que son hechos validos por hechos y no solamente con palabras.

Parte dos: ¿Quien.....Yo?
(Escribe la visión)

1.) ¿Acaso me ha llamado Dios a empezar una empresa?

Esta es una pregunta que debe hacer en oración con Dios. Podemos esperar ayuda y guianza de El. El Mundo ha recibido un mandato de Dios a TRABAJAR, pero urge tener guianza y dirección en esta decisión importante de nuestra vida. Descubrimos los propósitos de Dios en la vida cuando estamos en estrecha relación con El.

Salmo 32:8 *Te haré entender, y te enseñaré el camino en que debes andar;*

Sobre ti fijaré mis ojos.

Proverbios 3:5,6   Fíate de Jehová de todo tu corazón,   Y no te apoyes en tu propia prudencia.

Reconócelo en todos tus caminos,   Y él enderezará tus veredas.

Sn. Juan 3:27   *Respondió Juan y dijo: No puede el hombre recibir nada, si no le fuere dado del cielo.*

Versión Castilla   *Dios es quien da todas las cosas. Nadie puede recibir don alguno, si Dios no se lo da*

Dios nos conoce y nos ama. El tiene cuidado de nosotros y podemos descansar en que El proveerá por cada uno.

¿Serà ahora el tiempo para que tu inicias siendo emprendedor?   Ecclesiastes 3:1 dice ¨*Todo tiene su momento oportuno; hay un tiempo para todo lo que se hace bajo el cielo*¨.   Cuando hacemos lo correcto en el momento precisoo, el éxito es uno de los resultados.

¿Estarán de acuerdo tu esposa y tus hijos que es el momento para lanzar el negocio? ¿Estas libre de ataduras y obligaciones económicas para actuar con libertad? Cualquier compromiso que existe con compañeros o otras personas de tu comunidad se debe considerar. Ud. tiene que actuar con buena fe y honra para iniciar con la Bendición de Dios.

¿Has sido integro y fiel con el patrón que tienes? Si tu has sido fiel, entonces puede asegurar a que los que tu te ofreces empleo, de la misma manera serán fieles a ti.

¿Crees Tu que Dios Te Estas Llamando para iniciar tu negocio?

2.) ¿Cual Es Mi_____?

Visión es un don de Dios poderoso. Es tener un cuadro mental de lo que Dios quiere hacer en ti, para crear en ti un futuro mejor y seguro. Si tu tienes una visión clara, tendrás resultas claras. Una visión clara hace posible el progreso y la capacidad de planear. Nos mantiene con un enfoque correcto haciendo las cosas correctamente en el tiempo adecuado. Prov. 29:18 *"Donde no hay visión, el pueblo se extravía"*.

Escribe la visión tan exacta y clara para que te fuera posible iniciar tu empresa. Si no lo tienes en claro, buscas consejo de Dios acudiendo a gente mayor, sabia con experiencia. Dios dijo al profeta Habakuk,

> *Y el Señor me respondió:*
> *Escribe la visión,*
> *y haz que resalte claramente en las tablillas,*
> *para que pueda leerse de corrido.*

¿Puede Ud. escribir tu visión con claridad? ¿Lo tienes en tu mente muy claro como tu vas a servir a la gente, con productos o con un servicio? La visión debe ser conciso, practico, sencillo de la manera que tu puedes correr con ello. Proteja la visión, tal vez no es para que se extiende muy lejos. No permite que el temor, la critica te roba la visión, siempre hay retos que vienen a destruir la visión.

3.) ¿Quienes son mis _____?

Sin clientes no vas a tener ningún negocio. Pregunta a ti mismo, ¿Quienes son las personas que van a necesitar mis productos o servicios? ¿A cada cuanto van a necesito lo que yo voy a ofrecer? ¿Hay clientes suficientes para hacer que mi negocio tenga éxito? El negocio en si; es servir a los clientes. Los clientes que te pagan a ti pra ser servidos.

Mateo 23:11 "El *más importante entre ustedes será siervo de los demás"*

Tu grandeza en el Reino de Dios depende si tu puedes servir a los demás. Nuestros clientes son sencillamente personas a quienes DIOS nos ha llamado a servir. Los negocios mas mejores o grandes, son aquellos que sirven mejor a la gente. Nuestro llamado es tomar el ejemplo de Cristo Jesus.

Marcos 10:45 "*Porque ni aun el Hijo del hombre vino para que le sirvan, sino para servir y para dar su vida en rescate por muchos"*

Suele suceder que a menudo los empresarios se creen que los clientes están allí para servirlos a ellos. Pensar así, es un gran error, una actitud malísimo, que destruirá tu negocio rápido.

Una Lista de mis clientes potenciales...escribe sus nombres.

1.

2.

3.

4.) ¿Como puedo _____ clientes?

Las empresas de mucho éxito se esfuerzan MUCHO para atraer clientes. ¿Como lo hacen? No puedes dejarlo al ´Se ba¨ si llegan clientes. ¿Que estrategia vas a usar para hacerlos saber de los productos o servicios que tu ofreces? Porque vendrán contigo y no acudir a la competencia? Son preguntas importantes para considerar.

Una manera eficaz para atraer clientes y ´guardarlos´ es cuando haces un servicio o un producto de alta calidad y con excelencia. La excelencia en si tiene el poder de atraer clientes y tener la fama de un buen nombre.

Prov. 22:29 *¿Has visto a alguien diligente en su trabajo? Se codeará con reyes, y nunca será un Don Nadie.*

Otros métodos comprobados para atraer clientes son:
- Que el producto o servicio sea muy distinguido, diferente.. que resalta.
- Que sea algo muy visible, accesible, rápido servicio y atención.
- Señales, arte gráfico, trípticos, anuncios, vendedores en los cruceros.

Alista unas ideas que viene a tu mente para atraer clientes.
A.
B.

5.) ¿ Existe ya demasiado _____ ?

Cuando hay mucha gente que están intentando saciar la misma necesidad, se crea un desequilibro y competencia no sana. Mejor iniciar tu negocio con algo que tiene un campo mas libre para extender y crecer. Aun en estos círculos habrá competencia, pero será una competencia sana, buena para ver quien gana con los clientes. La competencia sana y buena provoca una calidad de excelencia en ambos proveedores.

Cuando Dios dijo a los líderes de Israel, que ´envían espías´ a la Tierra Prometida, era precisamente para que los líderes sean conscientes, y comprendan la naturaleza de los que ya habitaban allá.

Num. 13:2 *Envía unos hombres que reconozcan la tierra de Canaán, la cual yo doy a los hijos de Israel; enviaréis un hombre por cada tribu paterna, todos ellos príncipes*

Dios no quería que se llenara de temor, sino que comprendan bien, la magnitud de la tarea, la competencia. Unos se dejaban llenar de temor. Caleb y Josué eran de otro ´espíritu´, y bien sabia que Dios los iba a ayudar vencer a cada uno de los obstaculos.

Abraham y Lot tuvieron sus roces y problemas cuando Dios prosperaba a ambos.

Génesis 13:6 *la tierra no era suficiente para que habitaran juntos, pues sus posesiones eran muchas y no podían habitar en un mismo lugar*

Como resultado de los pleitos entre los ganaderos de Abraham y Lot, Abraham era un empresario sabio, y dio una buena sugerencia para resolver el asunto. Gen. 13:8,9

Entonces Abram dijo a Lot: No haya ahora altercado entre nosotros dos ni entre mis pastores y los tuyos, porque somos hermanos ¿No está toda la tierra delante de ti? Yo te ruego que te apartes de mí. Si vas a la mano izquierda, yo iré a la derecha; y si a la mano derecha, yo iré a la izquierda.

Abraham sabia que la competencia era mucha, y mejor mudarse de allí así evitas problemas. Dios estuvo con el en el traslado.

¿Que hace otros negocios parecidos que tu piensas imitar?_____

¿Como se puede distinguir tu producto servicio de la competencia?

_____

¿Honestamente, crees que la competencia es mucha y fuerte?_____

6.) Como piensas que vuelves a pagar lo que pides prestado del banco?

Esta pregunta es muy importante. Siempre lo debes hacer cuando pides algo prestado. Dios nos pide responsabilidad en las promesas de pagar lo que honestamente debemos. Siendo que el prestamos es por el negocio, el negocio debe estar produciendo una ganancia. La Biblia en si es muy claro de que debemos pagar lo que en buena fe hemos contratado y pedido prestado y hemos dado nuestra palabra de volver a pagar.

Salmos 37:21 *El impío toma prestado y no paga; pero el justo tiene misericordia y da.*

Romanos 13:8 *No debáis a nadie nada, sino el amaros unos a otros, pues el que ama al prójimo ha cumplido la Ley*

Si tu debes a tus hermanos en Cristo por el préstamo que has hecho para iniciar tu negocio, el PAGAR a tiempo es un compromiso serio. Si tu no pagas lo que has prometido, otros que esperan por un préstamo no puedan iniciar. Paga antes si fuera posible.

Prov. 3:27 *Si tienes poder para hacer el bien, no te rehuses a hacérselo a quien lo necesite O,*

Paga lo que debes si puedes hoy ...no digas ´hasta mañana te doy´. Dios siempre honra a los que honra Su Palabra. Cuando somos fieles en lo poco, entonces Dios nos pondrá sobre ´mucho´. Anticipadamente planea tu proceder con firmeza:

• ¿Cuanto es mi promesa que con fe yo puedo siempre cumplir.?

_____

• ¿Cuando, que día, voy a hacer el pago?_____

• ¿Habra manera de pagar mucho antes?_____

• ¿Que multa, un auto castigo si pago atrasado y un mes no puedo pagar_____

7. ¿La EMPRESA que inicia pequeña, tiene la capacidad de _____.

Hay empresas que tienen éxito por corto tiempo. La venta de Arboles de Navidad, por ejemplo ¿Tu negocio ofrece lugar para crecer y aumentar en grandeza durante todo el año? Ud. debe considerar si tu empresa puede crecer con el tiempo. Si una empresa no crece, es dañina, pero si crece demasiado rápido tampoco es bueno. Piensa como establecer una empresa que crece poco a poco con el tiempo.

Prov. 28:19   *El que trabaja la tierra tendrá abundante comida;*
   el que sueña despierto sólo abundará en pobreza

Proverbios 13:11

Lo que fácilmente se gana,
   fácilmente se acaba;
   ahorra poco a poco,
   y un día serás rico.

Proverbios 21:5

Cuando las cosas se piensan bien,
   el resultado es provechoso.
   Cuando se hacen a la carrera,
   el resultado es desastroso.

Juntando el dinero, poco a poco, día a día, mensualmente es lo que vale y hace crecer el ahorro.   La continuidad y la diligencia te lleva a ganancia, pero actuar con apresuro para ganar rápido y pronto, te lleva siempre a la ruina y la pobreza.

Haz tu meta ser diligente, y formar el habito de juntar dinero. Planeando tu negocio para que tu puedes siempre depender de ello, es una buena meta.

Catorce razones por lo cual muchas micro empresas estallan

1.) Cuando se pone nesecida-
des_____antes de necesida-
des_____

Tu empresa requiere cuidado para incubar, eclosionar y crecer. La empresa toma tiempo para que llega a la madurez y sea sano, frondoso y fuerte, proveyendo para ti y tu familia. Muchas empresas fallan por lo siguiente, ponen primero sus necesidades personales, y no ponen prioridad en la necesidad de la empresa..sucede en esta manera.

2.) Sacando de la caja mucho dinero y demasiado temprano.
Prov. 27:23-27

Las riquezas no son eternas, ni el dinero dura para siempre. Las cosechas se acaban, y la hierba se seca.

Por eso, cuida bien tu rebaños. Tus ovejas te darán su lana, tus cabras te darán mucha leche,

y así podrán alimentarse tú y tu familia y hasta tus empleados.

Además podrás vender tus cabras y con el dinero comprar un terreno.

Este consejo es muy bueno y poderoso. Se diligente, sepas como anda tu negocio, atiende a ello.   Nota que hay un TIEMPO de la provisión de tus ovejas. Después de la cosecha, cuando la hierba ha secado, y es verano, las ovejas han parido, ENTONCES, cuentas cuantas ovejas. Sea disciplinado de esperar con paciencia la cosecha de los rebaños. De allí puedes tomar para tu necesidad personal.

Sacando dinero de la caja antes del tiempo es como un granjero que come su semilla. Si comes la semilla, comes una sola vez. Si los siembras, puedes comer un año tal vez. Y siempre habrá mas semilla para sembrar el año que viene.

Tengas dos cajas. Fondos de la empresa aparte, y fondos de la dispensa de la casa en otra cuenta. No perjudica y pone en riesgo tu empresa sacando y siempre dandote un prestamos.   No es sabio y es riesgoso.

3.) **Dando dinero regalado y dinero prestado a los amigos y parientes.**

Aplica esta regla que también es de Proverbios 27. Seguro que debemos ser generosos y ayudar a otros, pero hay un tiempo para hacerlo, de tu cosecha. Si tu das tu semilla a otros, comen una sola comida. No regalas tus semilla.

1 Cor. 16:2 *Es decir, que cada domingo, cada uno de ustedes debe apartar y guardar algo de dinero, según lo que haya ganado. De este modo no tendrán que recogerlo cuando yo vaya a verlos.*

Dios quiere que según somos prosperados, tomamos de las ganancias, de allí dar nuestras promesas. Se supone que debes PRODUCIR algo y ganar algo para dar.

Tal vez suena muy espiritual de que alguien esta regalando la semilla. Dios es muy sabio y interesado en el éxito de nuestras cosechas. El mayordomo fiel siembra la semilla,

los riega con aguas, los proteja, diligente-
mente esperando la cosecha. De la cosecha
aparte el 10% para el Señor. Semillas son
para sembrar. Pan es para comer.

Resiste cualquier presión de alguien que
insiste que tu regalas tus semillas. Aun
cuando son tus grandes amigos o tus pa-
rientes, y usan lenguaje muy espiritual.
Que no te acusan de no ser generoso o
amoroso. No seas insensato.

4.) No pasar tiempo suficiente en tu empresa o en tu negocio.

Prov. 12:11 *El que labra su tierra se saciará de
pan; Mas el que sigue a los vagabundos es falto
de entendimiento.*

Vagabundos significa vivir sin propósito o un sentido de valor. Gasta tu tiempo
y energía en trabajos honrosos, con propósito y valor. No sigas los impulsos vanos de
seguir vagabundos en la vanidad, no te dejan presionar. No seas perezoso. Trabaja
sudando, duramente...y igual, juegas a todo
corazón, y descansa intensamente.

Es muy probable que en tu empresa, tendrás que trabajar MAS duro que si eres empleado por otro. Los beneficios son mayores. Siempre hace prioridades y administras tu tiempo y energía para tu vida personal. Siempre esfuerzate que tu empresa tenga éxito, y así no fracasara.

5.) Mala _____Prov. 22:3

El que es inteligente   ve el peligro y lo evita; el que es tonto sigue adelante   y sufre las consecuencias.

La empresa que vale la pena: es edificado con planeación sabio, haciendo uso de la razón, con un sentido común. Produce ganancias como no te imaginas, porque siempre el empresario esta informado.

Prov. 24:3,4 (traducción de Tim Troyer). O en Biblia de las Américas.

Con sabiduría se edifica una casa, y con prudencia se afianza se llenan las cámara de todo bien preciado y deseable.

Establezca tu empresa con planeación sabio. Solamente un carpintero insensato intenta construir una casa sin planos arquitectónicos. Un plano medio borroso, produce una casa no muy bien definido. Un plan claro y entendible, permite construir una casa solida y que dura mucho.

Fortalece tu empresa haciendo uso de la razón y sentido común. Se puede modificar o ajustar los planes. Sentido común es la capacidad de usar conocimiento y sabiduría en una manera balanceado. Es bueno ser prácticos y juzgar las cosas bien.

Aumentan tus ganancias manteniendose informado de precios y reglas.¿Que clima èste el mercado hoy? Que sucede con planes tuyos y de otros. ¿Que temor existe hoy en el mercado, haciendo de repente que sube los precios? ¿Se debe poner mas o poner menos insecticida? Estas preguntas puedan determinar si tu tendrás una ganancia o una perdida.

La Biblia nos habla de planear bien, y humillarnos en dependencia en Dios. Los dos principios van mano en mano. Planear bien inicia con Dios, y con Dios termina. El nos quiere ayudar tener éxito. Pero El pide que le busquemos.

6.) **Intentanto de** _____ **de** _____

Prov. 28:20 _El hombre fiel recibirá muchas bendiciones; el que tiene prisa por enriquecerse no quedará impune_

La idea de ´adquirir riquezas rápido´, siempre nos llevara a la derrota. Hay momentos que Dios provee oportunidades para crecimiento rápido, pero SOLAMENTE cuando nuestra carácter y fidelidad puedan sostener el crecimiento. Fidelidad es el clave para abundar en riquezas que llegan rápido.

Lucas 16: 10,11 _El que es honrado en lo poco, también lo será en lo mucho; y el que no es íntegro en lo poco, tampoco lo será en lo mucho. Por eso, si ustedes no han sido honrados en el uso de las riquezas mundanas, ¿quién les confiará las verdaderas?_

Siendo fiel en lo poco es el paso primero en crecer y aprender ser fiel sobre lo mucho. No debes brincar este lección. Claro debes crecer, si no creces estas estancado. Sin embargo, crecer demasiado rápido puede ser maligno. Unas células en nuestras cuerpos que crecen muy rápido puede ser cancerosas.

Fidelidad SIEMPRE viene ANTES de crecimiento sano y genuino. ¿Has sido fiel en lo poco? Si en verdad has sido fiel, estas preparado para cosas mayores. Mateo 25:15
A uno le dio cinco mil monedas de oro, a otro dos mil y a otro sólo mil, a cada uno según su capacidad.

Dios siempre sabe cuanto podemos cargar y aguantar. En la parábola de los Talentos, El dio responsabilidad y recursos a los siervos, cada uno segun su capacidad. Ellos salieron para multiplicarlos, según su capacidad de mayordomía. No compares tus talentos con los talentos de otros, ni observa el fruto de ellos. Concèntrate en ser FIEL con lo que Dios te ha dado.

Seas sabio y ten animo, para negar ciertas oportunidades que son demasiado grandes, o vienen muy rápidos. Si son muy pesados, tal vez no tienes los recursos o fuerzas para llevarselos.

7.) Oportunidades Perdidas-

Prov. 20:4 *El perezoso no labra la tierra en otoño; en tiempo de cosecha buscará y no hallará.*

Prov. 10:5 *El hijo prevenido se abastece en el verano, pero el sinvergüenza duerme en tiempo de cosecha.*

Siempre hay temporadas, estaciones del año para arar, sembrar, oportunidad para cosechar. Cada estación es importante, no se debe desperdiciar. Aprenda y reconoce, tomando la oportunidad que se presenta los diferentes estaciones de tu negocio. Así te aseguras que tendrás éxito.

El hijo sabio siempre conoce el tiempo correcto para juntar la cosecha. El hijo insensato duerme durante el tiempo de labores de cosecha, perdiendo la oportunidad que es ofrecido para ganar. La cosecha casi siempre es un periodo breve. No lo pierdes. Dormir en la cosecha seguramente te lleva a la bancarrota.

Mateo. 25:24 a 26. *Por último, llegó el empleado que había recibido mil monedas y dijo:*

"Señor, yo sabía que usted es un hombre muy exigente, que pide hasta lo imposible. Me dio miedo y escondí el dinero bajo tierra. Aquí le devuelvo exactamente sus mil monedas".   "El hombre le respondió: "Eres un empleado malo y perezoso. Si sabías que soy muy exigente, ¿por qué no llevaste el dinero al banco? Al volver, yo recibiría el dinero que te di, más los intereses".

El siervo insensato en la historia perdió su oportunidad para ganar un retorno en lo que Su Amo lo había dado. Cuando piensas que es muy poco lo que Dios te ha dado, MUESTRA un esfuerzo para regresar con interés lo que Dios te ha dado.

La motivación del siervo insensato era temor. Tuvo temor de perderlo todo. El Amo no mostró coraje por dinero desperdiciado, sino la oportunidad que se perdió. El Amo se le llamò, Siervo **MALO Y PEREZOSO**. La pereza es una característica que muestra poco esfuerzo, poco preocupación, y descuido, falta de voluntad para trabajar y gasto energía y no aprovechando de la oportunidad.

Considera Dos Empleados; El Sabio, y el Insensato.

Inicia 15 temprano.	Inicia cada día 15 tarde.
Sale de la obra puntual.	Sale de la obra temprano.
La semana es 41.5 horas.	La semana es 38.2 horas.
El año pone 2158 horas.	El año roba 1,986 horas.
Días total.269.75.	Días total 248.3 total.

El empresario insensato, pasa todos los días perdiendo oportunidades. Son oportunidades pequeñas, pero cuando los suman todos, son muchos. El sabio no pierde ningún oportunidad. Las pequeñas oportunidades cuando son sumados, son muchos. Si eres fiel,, Dios te dará grandes oportunidades para escalar.

8.) La Falta de mantener

Esdras 8:34 *Ese día pesamos y contamos todo, y registramos el peso total.*

Esdras fue un ejemplar en mayordomía y contabilidad de negocios. Apuntò todo lo que entraba, y todo lo que salía. El mantenía un buen récord del oro y la plata, los artículos que pertenecen al Señor. No contaba con ´la memoria´, sino lo apunto.

Formas un buen habito apuntando tus gastos y entradas. Esto te va a ayudar en tu negocio de ser organizado, productivo y siempre mostrar ganancia.

Si tienes un habito formado de siempre mantener archivado y organizado cada compra, venta, entrada y salida, esto te ayuda siempre de hacer lo siguiente;

a.)Llena los pedidos con exactitud.
Escriba con cuidado lo que piden los clientes. Repite a ellos, confirmandolo. Entrega exactamente lo que han pedido. Evita confusión y desorden.

b.) Cobra y registra cada pago.
No depende de tu memoria de quien ha pagado y la cantidad. Entrega recibos inmediatamente cuando la gente pagan.

c.) Produce bienes y servicios a un costo que refleja GANANCIA.
Debe siempre ganar, si no tu negocio es nada mas que un hobby. Estudia bien el precio si incluye todos los pasos y preparativospara su elaboración. Los precios puedan bajar y subir, según el costo para producirlos.

d.) Paga tus obligaciones a tiempo. El paga multas o recargos. Escribe lo que debes, y cuando debes pagar. Pagando a tiempo evita llamadas de gente enojado que no has enviado pago. La confianza se establece con el tiempo y la fidelidad. Esto te ayuda si vas al banco en el futuro para pedir dinero prestado.

e.) Entrega Diezmos y No paga impuestos. Tener libros verdaderos permite que rápido concluyes cuando debes a los de Hacienda, tanto lo que uno debe a Dios.

Prov. 19:1 *Más vale ser pobre y honrado, que ser necio y tramposo.*

Prov. 11:1 *Jehová abomina el peso falso, pero la pesa cabal le agrada.*

La integridad en la vida vale MAS que toda las ganancias que pudiera adquirir en tus negocios. La integridad es una calidad de carácter, de ser honesto, consistente, exacto, cabal y una ausencia de corrupción. Mantener libros exactos es una manera que el hombre empresario exhibe la sabiduría.

Contabilidad exacta y honesto te ayudarà siempre para mantener digno y honorado tu palabra y tu integridad.

Exactitud agrada mucho al Señor. El se deleita cuando hacemos transacciones justos, equitativas y correctas. Exactitud produce favor con Dios, clientes, y tus surtidores.

9. Hábitos de manejo de dinero pesimismo-

Las finanzas de un negocio son como oxigeno para el cuerpo humano. Un hombre exitoso respira dinero inhalando, y exhalando, de una manera saludable. Si cierre los pasos bronquiales por un tiempo, se muere. Hábitos buenos de manejo de dinero produce salud. Hábitos malos producen enfermedad.

Dios te ha llamado para que seas un buen mayordomo de TODO lo que El te ha entregado. Acepta la responsabilidad de guiar y manejar las finanzas de tu negocio, y considera que DIOS es el Dueño de todo, a quien TU tienes que entregar cuentas. Los dos áreas que mas afectan negativamente las practicas en el negocio son:

10 Irregularidad de flujo de fondos.

Prov. 3:27

No te niegues a hacer un favor, siempre que puedas hacerlo.

Salmo 37:21 *Los malvados piden prestado y nunca pagan sus deudas, pero los justos prestan y dan con generosidad.*

Deut:24: 14,15 *No te aproveches del empleado pobre y necesitado, sea éste un compatriota israelita o un extranjero Le pagarás su jornal cada día, antes de la puesta del sol, porque es pobre y cuenta sólo con ese dinero. De lo contrario, él clamará al Señor contra ti y tú resultarás convicto de pecado.*

11. Cuando no administran bien las entradas y salidas.

Se diligente en cobrar y recibir los pagos. Los pagos atrasados y lapsos de tiempo, pagos incompletos afectan la fluidez del movimiento de dinero. Es que el oxigeno de negocio se esta cortando. Dios dice que tiene derecho de esperar que te pagan de lo acordado, en el día estipulado. Dice que es un INICUO quien no paga lo que debe y AUN mas cuando esta en el poder para hacerlo y no lo hace. Trata siempre de recibir pago en el momento por los productos y servicios en el momento que son entregados. Recuerdas, quieres mostrar una ganancia al final del día.

12. Extendiendo Crédito a gente que no lo merecen.

Es sumamente muy importante evaluar los clientes antes de extenderlos crédito, confiando en ellos con pedidos grandes. Si no conoces bien el cliente, cuidado de confiarle mucho crédito. Si ellos hacen un pedido grande, debes pedir un buen anticipo para protección en contra de perdida. Si ellos no quieren dar un deposito de antemano, muy probablemente quedaran mal en el momento que los servicios o productos están entregados.

13. Cuando no adiestramos bien los pagos y depósitos.

Siempre uno debe recordar que va uno a cosechar lo que uno ha sembrado. Si tu esperas que tus clientes pagan a tiempo, seas tu ejemplo pagando lo que tu debes. Cuando estas tratando de cerrar un contrato de pago, asegura que no sea muy exigente, que SI PUEDE UD pagar. Tener buen crédito con las personas que suplen es primordial en tu negocio. Siempre esto te ayudar tener ´ganancias´.

14. Hábitos Malos del inventario.

Adquisición de servicios y productos baratos, obtener materia prima de calidad, mantener completo el inventario de la bodega es esencial para ser exitoso.

Prov. 21:5 *Los planes bien pensados: ¡pura ganancia! Los planes apresurados: ¡puro fracaso!*

Isaías 48:17 *Así dice el SEÑOR, tu Redentor, el Santo de Israel: Yo soy el SEÑOR tu Dios, que te enseña para tu beneficio, (ganancia) que te conduce por el camino en que debes andar.*

15. Descuido de mantener costos bajos la adquisición de servicios o productos.

Sencillamente, siempre debes estar en búsqueda de mejores precios, ofertas, comprar barato para revender mas caro.   La diferencia de los dos es la ganancia.   Sea diligente y mantenga las opciones abiertos para considerar comprar de otros. En el texto dice Isaías que DIOS nos enseña para tu beneficio (ganancia). Haga de este versículo una oración diario.   Pidele a Dios que te concede sabiduría, guianza y relaciones con las personas para hacer una realidad este versículo.

16. Surtir cantidades enormes y tener un inventario en exceso.

No debe invertir todo tu dinero en una sola cosa.   Tu negocio como marea sube y baja. Considera la demanda que ya tienes, basandose sobre los pedidos que esperas tener. Se va a cambiar la demanda, y los precios también pueden fluctuar. Hay artículos que por un momento se vende rápido. El hombre de negocio puede invertir mucho dinero y luego darse cuenta que ya no hay demanda en este articulo.

LO INEVITABLE SON LAS PRUEBAS

Santiago 1:2-4 *Hermanos en Cristo, ustedes deben sentirse muy felices cuando pasen por toda clase de dificultades. Así, cuando su confianza en Dios sea puesta a prueba, ustedes aprenderán a soportar con más fuerza las dificultades. Por lo tanto deben resistir la prueba hasta el final, para que sean mejores y capaces de obedecer lo que se les ordene.*

Salmos 34:19 *Los que son de Dios podrán tener muchos problemas, pero él los ayuda a vencerlos.*

Deut. 31:8 *El Señor mismo marchará al frente de ti y estará contigo; nunca te dejará ni te abandonará. No temas ni te desanimes*

Galatas 6:9 *Así que no nos cansemos de hacer el bien porque, si seguimos haciéndolo, Dios nos premiará a su debido tiempo*

Romanos 8;28 *Sabemos que Dios va preparando todo para el bien de los que le aman, es decir, de los que él ha llamado de acuerdo con su plan*

Hay negocios que se han tronado y quebrado porque han sobrevenido ciertos catástrofes. Puede ser que vino tormentas, y sucedió unas diluvios, MUCHA lluvia, o tal vez lo opuesto, una sequedad, dejó de llover. Para unos sus animales se enfermaron y todos murieron, o una plaga cayó en el campo. Para otros un incendio, un terremoto, o contra tiempos del gobierno. Un volcán en Islandia que afecto a las lineas de aviación en Europa. Hay que siempre recordar, que DIOS esta con uno, no importa las circunstancias que tenemos que transitar. Su promesa es que nunca nos va a dejar, o desampararnos.

Como se debe uno reaccionar enfrente de estos catástrofes.

1. **Recuerda que Dios te ama y siempre va a caminar a tu lado.** El es tu libertador. Con el puedes enfrentar cualquier tormenta que la vida trae. Corre HACIA El. Por favor recuerda que DIOS es su Provisión, NO ES TU NEGOCIO:

2. **La Prueba de su fe produce paciencia.** Paciencia es el carácter, la calidad que permite que seamos tolerantes, aceptando lo que no podemos cambiar, podemos sufrir sin responder en una manera incorrecta.

3. **La Meta final de todo es LA MADUREZ en tu vida.**

4. **Dios no manda la prueba con la finalidad de acabar con nosotros.** Su deseo es que salimos vencedores, perfeccionados, completos, íntegros y que no nos falta nada. Son cosas que todos queremos poseer, pero los obtenemos solamente en la adversidad. La madurez es ser completos y no faltar nada de lo físico, emocional y desarrollo espiritual. Nunca llegamos a la madurez sin pasar por la prueba de fuego. Fácil podemos decir, AMO Y CONFIO EN DIOS, cuando todo marcha bien, pero mas difícil cuando estamos en medio de los conflictos y tormentos.

Los Cristianos son como las bolsas de Te... Realmente nunca sabe que tienen adentro de las bolsas, hasta que los metas en aguas muy calientes...

- **No procuras pasar las pruebas a sola.**
Comparta tus cargas con amigos, y otros creyentes. Pide a alguien cercano que se une en la oración contigo en los tiempos difíciles. Con unos pocos clientes y los que te surten, a los que tu debes, puedes compartir algo de lo que te esta pasando, para que sepan exactamente lo que pasa, y así puedan cambiar los expectativas que podrán tener de ti. No demoras... hagalo.

- **Ni tira la toalla.** Es normal tener pensamientos de aceptar la derrota y quedarse en la lona. Pero no lo hagas. Dios te ha prometido que habrá una cosecha. No aceptas que estas vencido. Dios muchas veces tiene una salida, y espera este momento de rendición completo a EL; para que El nos indica por donde salir. Cuidado. La respuesta que Dios te ha preparado no siempre vendrá de donde puedes esperar. Dios esta contigo aun en los mas horribles catástrofes. Puede confiar que Dios esta obrando en ti, y en las vidas de la gente mas cercas de Ti.

DIOS PERMITE SUCEDER EN SU SA-BIDURIA, LAS COSAS QUE EN SU PODER PODIA HABER DETENIDO....

Capitulo cuatro,
CONTEMPLANDO
CUANTO CUESTA-

Lucas 12:28-32 Jesus diò aquí un principio si alguien va a iniciar algo nuevo:

"Si alguno de ustedes quiere construir una torre,
¿qué es lo primero que hace? Pues se sienta a
pensar cuánto va a costarle, para ver si tiene su-
ficiente dinero. Porque si empieza a construir la
torre y después no tiene dinero para terminarla,
la gente se burlará de él. Todo el mundo le dirá:
"¡Qué tonto eres! Empezaste a construir la torre,
y ahora no puedes terminarla".

"¿Qué hace un rey, que sólo tiene diez mil sol-
dados, para defenderse de otro rey que lo va a
atacar con veinte mil? Primero tendrá que ver si
puede ganar la batalla con sólo diez mil
soldados.32 Y si ve que no puede ganar, aprove-
cha que el otro rey todavía está lejos y manda
mensajeros a pedir la paz.

Jesus dijo que primero debemos sentarnos y
contar cuánto es que nos cuesta a seguirle
a El. El hombre sabio cuente antemano el
costo antes que inicia algo nuevo, o empren-
der en una batalla. Si tu piensas que es
DIOS que te esta impulsando para iniciar

una empresa, mejor sientate ..y haz una lista del costo.

1. **¿Cuánto te puede costar si inicias un negocio?** Haga la lista con mucho cuidado de lo que vas a necesitar. Esta MUY bien pedir consejo de alguien en lo cual tu tienes confianza: personas con amplia experiencia, conocimiento y sabiduría, de preferencia, alguien que YA esta haciendo un negocio parecido de lo que tu deseas iniciar.

Prov. 15:22 *Cuando falta el consejo, fracasan los planes; cuando abunda el consejo, prosperan.*

Una hoja de calculo de cuanto puede costar para arrancar tu negocio es el parte MAS importante de los planes. Considera por ejemplo cuanto vas a gastar en:
• Materia Prima.
• Herramienta
• Renta
• Transportación
• Permisos y impuestos
• Semilla, fertilizantes
• Bolsas, cajas, contenedores

- Salario para los empleados.

   No olvides contar tiempo y esfuerzo, que necesitas para que tenga éxito. ¿Estas dispuesto de invertir de tu tiempo y esfuerzo, ademas de tu dinero?

2. Cuánto dinero vas a tomar cada quincena como tu salario del negocio?

CUIDADO. Si tomas demasiado dinero muy pronto, puede matar tu negocio. Dios hablo por medio del Rey Salomon, el Rey MAS Sabio de toda la historia que ha vivido, y esto dijo:

Prov. 24:27 *Si piensas construir tu casa atiende primero a tus negocios, y no desatiendas a tu familia.*

Este principio nos explica que PRIMERO hay que velar por las urgencias que hay en tu negocio, antes de las urgencias de la construcción de tu casa. Uno de las causas de que muchos negocios fallan es porque el dueño extrae demasiado dinero, y demasiado temprano de la caja de operaciones. No cometes este error.

Pon disciplina en tu vida y resiste la tentación de hacerlo. Procuras tomar el mínimo siempre al inicio, después que hay entradas continuos, con fluidez lo puedes hacer.

3. Tenga cuidado de que cuentas como COSTO, los gastos repetitivas.

- ¿Cada cuanto tienes que irse para comprar mas material? ¿Por supuesto debes tener dinero apartado para este compra, de las ganancias.
- ¿Siempre necesitas comprar comida para los animales?
- ¿Habrá costos escondidos, que no hemos considerados, bolsas, embalaje?

Si te falta sabiduría, pidela a Dios, Santiago 1:5 *¨Si alguno de ustedes no tiene sabiduría, pídasela a Dios. Él se la da a todos en abundancia sin echárselo en cara¨*

4. En los negocios hay costos FIJOS.

Es lo que cuesta un negocio para seguir en operación. Son los costos que paga con o sin clientes. Estos costos generalmente no producen ganancias. Este costo también esta configurado en lo que uno va a ganar. Si tu negocio es ROTULERO, por ejemplo, entonces la pintura no es un gasto general porque tu VENDES la pintura a un costo mayor. Pero, las brochas de la pintura es un GASTO GENERAL. Tus gastos generales tienen que considerar cuando calculas como y cuanto va a ser la ganancia. Otros gastos generales, fijos son.

- Renta
- Electricidad
- Combustible
- Herramienta
- Desechables y útiles para aseo
- Seguros para empleados

Para hacer énfasis, SIGA el Principio de CONTAR CUANTO TE VA A COSTAR, y considera los factores en tus planes de los gastos fijos. Siempre procurar de bajar o cortas gastos en los gastos fijos, especialmente cuando estas iniciando tu negocio. La ganancia depende de las áreas donde puedes recortar gastos y ahorrar.

5. Es muy sabio planear con anticipación y tener *un colchoncito* **escondido, como un Margin de Beneficio.** O en otras palabras, siempre es bueno tener una cantidad pequeña por las cosas no esperadas.

Cuando apartamos un poco de las ganancias, algo de la semilla, de materia prima, podemos protegernos de problemitas que de repente surgen que no estuvimos esperando. Claro que debemos confiar en Dios, como auxilio y fuente de provisión. Pero un poco de precaución y planear sabiamente pide que lo hacemos por las necesidades que puedan surgir en el futuro.

Prov. 22:3 *¨El que es inteligente ve el peligro y lo evita, el que es tonto sigue adelante y sufre las consecuencias.¨*

Si es necesario de tomar de *tu colchoncito*, reponga la cantidad, poco a poco como puedes. Cuida tu negocio, y tu negocio te cuida a Ti. Si fueres sorprendido por algo inesperado, recuerdalo, para que estes preparado la proxima vez que pasa. Sea diligente y vigila bien todo.

Prov. 27:23 Las riquezas no son eternas,
ni el dinero dura para siempre.
Las cosechas se acaban,
y la hierba se seca.
Por eso, cuida bien tu rebaños.
cuida bien tus rebaños, cuida bien tu negocio

Capitulo *CINCO,*
REGLAS PARA EL EXITO
*Reglas para tener éxito en
los negocios pequeños.*

1.) Define una meta clara y especifica.

Fil. 3:13 *Hermanos, yo sé muy bien que todavía no he alcanzado la meta; pero he decidido no fijarme en lo que ya he recorrido, sino que ahora me concentro en lo que me falta por recorrer.*

Es mejor fijar en una meta muy especifica, no metas amplias y generales. Debe hacer la pregunta.. ¿Que producto o servicio especifico puedo proveer y llegar a ser un experto en hacer. No trates de ser profesionista de cada oficio. Enfoca tu interés en algo una esfera o área muy limitado. Una lupa puede crear un encendió con el poder de enfocar los rayos de luz en un punto.

Pablo entendía el secreto, y dijo ME CONCENTRO no en lo que ha recorrido, sino en lo que falta. Concentra tus energías, pensamientos, esfuerzos, oraciones hacia una meta que tiene por delante. No debes con-

centrase en tus errores, fallas, y como di-
cen, él que abarca mucho aprieta poco´.
Pablo seguía a la Meta.

Lucas 9:51 *Cuando ya se acercaba el tiempo en
que Jesús debía subir al cielo, decidió ir hacia
Jerusalén*

Jesus vivía CONCENTRADO.   El puso su
mirada en irse a Jerusalem para ofrecerse.
No dejaba que nada o nadie le destraia. Pudo llegar al blanco, a la meta de su vida.
Siempre conduce tu vida a los áreas donde
tienes talentos, experiencias, practica, tus
áreas fuertes.   Dedica tiempo en hacer las
cosas con excelencia, siempre dando MAS
CALIDAD y no CANTIDAD: Dios tenia planes para que su Hijo SUBE a Jerusalem, y
para llegar allí, tuvo que dejar atrás buenas
oportunidades para llenar la pasión, la visión, la misión de su vida.

Lucas 9:4 *Cuando lleguen a una casa, quéden-
se a vivir allí hasta que se vayan del lugar*
Jesus dijo a sus discipulos que deben de
quedarse en un lugar-   Este consejo es
bueno. Nuestro mayor impacto viene cuando

estamos concentrados en relaciones.   No conviene cambiar profesiones, campos, ideas, siempre se ve el pasto en otras praderas mas verde y mejor. Muchos fracasen por no tener una mente singular enfocada.

LO MAS IMPORTANTE de quedar siempre LO MAS IMPORTANTE.

2) Planea para tener éxito.

Jeremías 29:11 *Porque yo sé muy bien los planes que tengo para ustedes —afirma el Señor—, planes de bienestar y no de calamidad, a fin de darles un futuro y una esperanza.*

Santiago 4:15 *Más bien, debieran decir: «Si el Señor quiere, viviremos y haremos esto o aquello*

No hagas planes, llevandolos a Dios, y pedir que El pone su Bendición. En cambio, busca consejo, abra tu corazón a la dirección de Dios, viendo lo que Dios esta haciendo, y abordas el ´mover´ de El. Planificadores son personas que actúan en FE, con una esperanza que saben los éxitos del futuro que

Dios va a entregar. El mejor plan para aplicar a nuestras vidas, es El Plan que Dios nos ha preparado, aceptando Su Sabiduría, Su Dirección, Su Discernimiento y Su Bendición.

La promesa de Dios para nosotros según Jeremías son los siguientes:
- Prosperarnos, su plan es la prosperidad.
- No hacer daño, no hay calamidad.
- Dar esperanza en un futuro. Gozate que el futuro que Dios tiene planeado contiene cosas buenas.
- Asegurar tu futuro. Entonces, CREE en el futuro que Dios te esta preparando.

Prov. 21:5 *Los pensamientos del diligente ciertamente tienden a la abundancia;*

Mas todo el que se apresura alocadamente, de cierto va a la pobreza.

Prov. 16:9 *El corazón del hombre piensa su camino; Mas Jehová endereza sus pasos.*

3. Practica la regla 10/9:

Usa los primeros minutos, 10% de tu tiempo para planear. Organiza tu tiempo antes que empiece. Puede uno ahorrar hasta 90% del tiempo haciendo lo proyectos si tomas 10% de su tiempo planeando. Tu trabajo será mas coordinado, mas fluidez, mas eficaz. Hagas tus planes con LAPIZ, borra los partes que no son.

Vivir apurado y actuando muy rápido sin pensar, velocidad excesivo....permite que pierdes muchas detalles, causandote a perder pasos importantes en un proceso. La Biblia dice que todos que viven apresuradamente viven locamente..

4. Escribiendo tu plan te ayuda a ser mas decisivo, mas organizado. Será uno mejor motivado. Tendrás mas energía y animo. Un plan ahorra tiempo, energía y dinero.

Ef. 5:15, 16 *Mirad, pues, con diligencia cómo andéis, no como necios sino como sabios aprovechando bien el tiempo, porque los días son malos.*

CIRCUMSPECCION: Para tener vista clara alrededor, evita cosas que trae riegos innecesarios. NO PUEDES crear MAS tiempo. Solamente el tiempo lo puedes ocupar correctamente. Camina en sabiduría y aprovechas el tiempo. Sea puntual, diligente y mantenga agenda para hacer uso de un recurso muy importante.

5. Dejas Una Magnifica Impresión, Y guardela)

Prov. 3:3,4 *Nunca se aparten de ti la misericordia y la verdad; Atalas a tu cuello,*

Escríbelas en la tabla de tu corazón; Y hallarás gracia y buena opinión

Ante los ojos de Dios y de los hombres.

Solamente tienes UNA VEZ VEZ, para hacer La Primer Impresión. Los clientes muchas veces opinan en 5 minutos lo que observen en ti. Amor, confianza gana favor lo conectan con tu nombre. Pide que Dios los escribe los nombres de ellos en tu corazón, y que nunca dejan de ser tus clientes.

AMOR...Haciendo lo mejor, lo correcto para los clientes, tratandolos de la misma manera que me gustaría que me traten a mi. Preocupandome, que alcanzo sus necesidades. Amor es mas que un sentimiento.

Confianza-- Ser constante, fiel, verdadero, fe de digno, y honrado en todo.

Amor + Confianza = Favor, un buen nombre con Dios y con los hombres.

Que el lugar donde trabaja sea siempre limpio.   Que su higiene personal sea igual, limpio, de buen parecer.   Que muestra cortesía, conocido como trabajador arduo, siempre intentando servir, que guarda sus promesas y palabras, vivir con sonrisa.

Mateo 5:41 *Si un soldado los obliga a llevar una carga por un kilómetro, cárguenla por dos*

Sirve tus clientes bien. Camina con ellos la segunda milla.   Los clientes seran leales a los que les muestran mucho valor, su patrocinio. Haz mas que ellos esperan de ti.

Mantenga un alto nivel siempre de satisfacción a los clientes, si puedan.

Mantenganlos contentos.   Ellos regresaran.
Hablaran bien de ti a sus familiares y sus
amigos.   Siempre vender mas barato y entregar MAS en calidad. Dandoles mas que
ellos esperan de ti.

6. Que sea distinguido Tu Negocio.

Prov. 22:29 *Dime quién se esfuerza en el traba-*
jo y te diré quien comerá como rey.

1. Pedro. 2:9 *Mas vosotros sois linaje escogi-*
do, real sacerdocio, nación santa, pueblo adqui-
rido por Dios, para que anunciéis las virtudes de
aquel que os llamó de las tinieblas a su luz admi-
rable;

Que es tu marca de venta única.
Que hace la tuya, diferente de todos los
demás, que sea distinguido de la competencia. Debe escuchar lo que sugiere el cliente.
¿Tienes los precios mas bajos, mejor calidad,
servicio excelente.?   ¿Ofreces lo mas fresco,
el mas grande, lo mas sano, productos que
duran mas?
Hacer algo que distingue garantiza tu éxito.
Observa la competencia y propone algo
diferente...por ejemplo...

- Si ellos demandan que compran sus productos, usas tácticas suaves, no presión.
- Si la competencia no reparte pruebas de productos...entonces hagalo...
- Si la competencia siempre llegan tarde...seas tu muy puntual.
- Si el paquete de ellos es común, muy corriente, haga el paquete tuyo brillante.
- Si añaden agua a su leche para que abunda, ofrece tu leche no adulterada.
- Si cada paquete de ellos es negro y blanco, ponga el suyo en azul, rojo o verde.

Pide que Dios te muestra que dones y talentos tu poseas. Tu eres distinto, único, de cada ser humano en la Tierra. Que puede ud hacer, y cada vez que lo haga le sale Bien..sabroso, y excelente. Somos servidores de el SER CREATIVO mas mejor del universo. El nos ayuda. Trabajando con excelencia es poderoso para atraer clientes nuevos a tu negocio. Excelencia hasta REYES atrae.

7. PONGA ATENCION A TUS CLIENTES

Santiago 1:19 *Mis queridos hermanos, pongan atención a esto que les voy a decir: todos deben estar siempre dispuestos a escuchar a los demás, pero no dispuestos a enojarse y hablar mucho.*

No saca una conclusión que tu sabes bien lo que los clientes necesitan... PREGUN-

TANLES. Tardo en enojarse si en cliente esta molesto con un producto o servicio vendido, y muy dispuesto para escuchar. No tomas a pecho las quejas de ellos. El empresario sabio toma las sugerencias de ellos para MEJORAR su servicio y crecer.

CONVIERTEN LOS ´OBJECIONES DE TUS CLIENTES

A QUE SEAN TUS OBJETIVOS´.

POR EJEMPLO:

Cliente: Los aguacates de esta tienda tienen la semilla MUY grande.

Empresario tonto: Estas loco, son los mejores que hay de Michoacán.

Empresario sabio: Dejame ver, si podemos conseguir mejor lo que tu me pides.

Dios te ha dado 2 oídos y una sola boca. Debes de escuchar dos veces mas de lo que hablas. Si escuchas bien, la critica de tus clientes, te van a informar MUCHO lo que en verdad es menester saber:

- Realmente que es lo que ellos andan buscando.
- La manera de COMO quieren ellos hacer trato y intercambiar, negociar contigo.
- COMO quieren que tu los vendes.
- Como otras empresas les han fallado, y sienten defraudados.
- Buenas ideas para mejorar tu servicio de tu negocio.

Siempre el cliente tiene la razón. Cuando no es posible servirlos, y quieres decir NO...es sabio evitar confrontación con ellos y suspender el negocio con ellos. Hay gente deshonesto y problemático. Dejalos.

Cuando prestas atención a tus clientes, muestra a ellos, respeto y sabiduría. Tu estas humillando delante de ellos. Puedes hacer a ellos muchas preguntas. Ellos te darán aun MAS información. Debes ser preguntas que no contestan con un ´si´ o un ´no´.

Pregunta Cerrada

Pregunta Abierta

¿Puedo asistir te en algo?   ¿En que manera te puedo asistir?

¿Quieres 1 kilo de aguacate? ¿Cuántos kilos y que fruta le gustaria?

¿Habra algo mas?   ¿Que mas necesitas para terminar?

¿Te gusta?

¿Como lo podemos mejorar?

8.) Creciendo en sabiduría y en entendimiento.

Prov. 4:5 *Hazte cada vez más sabio y entendi- do; nunca olvides mis enseñanzas.   ¡Jamás te apartes de ellas!*

Sabiduría es hacer lo correcto en el mo- mento adecuado, por las razones justas.

Continuamente debes buscar maneras para mejorar las cosas. Siempre preguntas, ¿Co- mo puedo mejorar mi producto o servicio? o también, ¿De que manera puedo ser mejor servidor a mis clientes.?....o quizás decir,

¿Realmente que puedo hacer para mis clientes que seria ayudar tremenda para ellos, en vez de buscar las cosas que a mi me esta ayudando?

Jesus dijo que si uno desea ser grande e importante, que debe de ser SERVIDOR de todos. Siendo un buen mozo es el camino secreto al camino de éxito.

2 Tim. 3:16 a 17 *Recuerda que desde niño has leído la Biblia, y sus enseñanzas pueden hacerte sabio, para que aprendas a confiar más en Jesucristo y así seas salvo. Todo lo que está escrito en la Biblia es el mensaje de Dios, y es útil para enseñar a la gente, para ayudarla y corregirla, y para mostrarle cómo debe vivir.*

La Biblia es un manual para tener éxito en cada área de nuestras vidas. Dios ha inspirado cada palabra que se encuentra en Las Sagradas Escrituras, y ayuda y muestra como debemos vivir. No fue escrito para los SUPER ESPIRITUALES. Es muy practico, vale la pena, el mejor libro que puedes leer. Puede formar y moldear tus conceptos y creencias. Si no haces caso a la Biblia y lo que esta escrito, no tendrás éxito ni será preparado para la obra buena a lo cual Dios te ha llamado.

Prov. 3:13-18 *Dios bendice al joven que actúa con sabiduría, 14 y que saca de ella más provecho que del oro y la plata. 15 La sabiduría y el conocimiento valen más que las piedras preciosas ¡ni los tesoros más valiosos se les pueden comparar! 16 Por un lado, te dan larga vida; por el otro, buena fama y riquezas. 17 Que grato es seguir sus consejos, pues en ellos hay bienestar. 18 ¡Dios bendice al joven que ama a la sabiduría, pues de ella obtiene la vida!*

Que promesas mas lindas! Todas las cosas nos son prometidos, a nosotros, y ganaremos sabiduría y entendimiento si los ponemos por obra. El entendimiento proviene de conocimiento y saber como aplicarlo en la manera correcta cuando trates con las personas. Podemos orar que Dios nos ayuda obtener sabiduría y adquirir conocimiento,...y SI los lo hará. pero a la vez requiere un esfuerzo de parte del ser humano. Escudriñe las Escrituras, platica a cada rato con gente mayor con experiencia y sabiduría. Buscas un ´mentor´, alguien que afirma que tu vas a ser exitoso, coordina tus actividas-

des con el para obtener aun MAS conocimiento.

Santiago 1:5 a 8.. *Si alguno de ustedes no
tiene sabiduría, pídasela a Dios. Él se la da a
todos en abundancia sin echárselo en cara.6 Eso
sí, debe pedirla con la seguridad de que Dios se
la dará. Porque los que dudan son como las olas
del mar, que el viento lleva de un lado a otro.7-8
La gente que no es confiable ni capaz de tomar
buenas decisiones no recibirá nada del Señor.*

Una oración que Dios siempre contesta es
cuando pedimos por sabiduría. El dice que
nos da en abundancia, a cualquier que lo
pide, nada mas pidesela a Dios, y el lo dará.

Dios quiere que pedimos con valor, sin duda,
y creer que si nos va a dar. El hombre de
doble animo pide, y después duda. La gente
que no son confiable ni capaz de tomar
buenas decisiones no reciben nada.

9. *TRABAJAR*

Ecclesiastes 9:10 *Todo lo que tu mano halle
para hacer, hazlo según tus fuerzas; porque no
hay actividad ni propósito ni conocimiento ni sabiduría en el Seol adonde vas.*

Hay mucha gente que trabajan sin muchas ganas. Sea diferente. Haga tu trabajo gozosamente, con todo tu fuerza, para que te destacas de los demás, y toman nota de tu ambición de hacer cosas grandes.

Prov. 14:23 *En todo trabajo hay ganancia, pero el vano hablar conduce sólo a la pobreza.*

NO HAY un substituto para trabajo arduo con sudor. Dios es un OBRERO de clase primero. El nos llama para que hacemos igual como el ha hecho. Si tu siempre haces MAS que lo piden y por lo que te pagan, tarde o temprano te van a pagar MAS por lo que haces. Trabajar duro es bueno, no malo. Trabajar rápido, con animo, trabajar bien, todo tiene su galardón y trae una satisfacción interno...que has hecho bien.

Charles M. Schwab.- **DURO TRABAJO ES LA MEJOR INVERSION QUE EL HOMBRE HACE.**

El hablar es muy barata. Meramente charlar de ideas buenas, repitiendo textos Bíblicos sin tomar acción también conduzca a la pobreza. Es importante soñar, pero es necesario despertar en la mañana y hacer valido nuestros sueños. Que llegan a ser una realidad, tenemos que pasar del sueño a una acción que corresponda.

Prov. 12:24 Trabaja, y triunfarás; no trabajes, y fracasarás.

Personas de gran éxito no procuran entender y no traten de hacerlo todo. Hacen las cosas importantes y trabajan con todo corazón para cumplir el trabajo y su proyecto. Tienen cuidado de los detalles, persisten, tienen celos por el tiempo que nadie les roba, y son muy concienzudos en sus labores. La mano de los diligentes siempre serán las manos que imperan en los negocios.

Guarde mucho de posponer proyectos, dilación de tareas, practicar la morosidad.La tendencia es posponer las tareas mas difícil para mañana. Hagalo pronto, ya. Los antiguos que nos dijeron:

*SI TIENES QUE TRAGAR UN ZAPO,
NO LO MIRES MUCHO, PASELO. SI*

TIENES QUE TRAGAR 2 ZAPOS, PRIMERO TRAGAS EL MAS GRANDE.

No trabajas duro solamente.   Trabajas SABIAMENTE.

Prov. 24:5 *Más vale maña que fuerza;   más vale el saber que el poder*

Sabiduría y conocimiento aumenta nuestro poder, fuerza y capacidad de trabajar duro. PERO ES UNA PERDIDA DE TIEMPO, TRABAJAR DURO HACIENDO COSAS QUE NO SE NECESITA HACER. Es trabajo duro, pero no trabajo inteligentemente.

Trabajando inteligentemente quiere decir que constantemente estamos en la espera de encontrar una manera para hacer el trabajo que no sudamos tanto y no consume tantas fuerzas y dinero. Trabajando sabiamente evitamos la trampa de seguir sencillamente los hábitos formados y la rutina de otros que empezaban.

Recuerda: SI TU HACES LO QUE SIEMPRE HAN HECHO, TENDRA SIEMPRE LOS MISMOS RESULTADOS DE OTROS QUE LO HAN HECHO.

Trabajando inteligentemente incluye:

- Observando y multi tareando las oportunidades buenos cuando se presentan. Trabajando sabiamente y no perder las oportunidades como cuando sembrar, cuando es la cosecha.
- Solucionar problemas de los clientes rápidos cuando son pequeños, no dejandolos llegar a ser problemas graves y grandes.
- Mat. 5:25   *llega a un acuerdo con él lo más pronto posible*
- Saber cuando un plan no esta funcionando.
- Multiplicando tus oportunidades: Ejemplo
  - Venta de refrescos mientras que esta boleando zapatos de un cliente.
  - vender huevos a un cliente que compra pollos.
  - imprimir RECETAS gratis, que incluye las verduras que tu quieres vender, Dandole una prueba a los clientes para que saborean los ingredientes. Compraran mas verduras.
  - Si algo compra algo que se necesita ser ensamblado   ...haga el favor.

- ejemplo, cuando contratas un camión para traer productos, planea que el mismo transporte lleva algo de regreso.
- Saber cuando dejar de usar el hacha, y sacar filo. Una hacha con filo corta MUCHO mejor que un hacha sin filo. Sacar Filo es USAR...Juicio Sano, Mantener herramienta en buenas condiciones es mas barato que cada vez comprar herramienta nueva.
- Seas un mayordomo listo, astuto.

10.) Edifica un Buen Nombre.

Prov. 22:1 *Vale más ser conocido y respetado que andar presumiendo de rico.*

Los empresarios que tienen un buen respeto, un buen nombre, ganaran el oro y la plata. Un buen nombre llega a ser algo muy preciosos. Nombre como Mercedes Benz. O Coca Cola, vale el nombre mucho. Bueno o malo, esta edificando TU NOMBRE una decisión a la vez, día a día..en tu negocio.

¨Lo que el cliente piensa inmediatamente después de oír el nombre

de la compania, determina mucho si esta compania tiene éxito o va al fracaso."
David DÁlessandro, CEO, Hancock Financial Services.

Tu negocio será levantado o va a caer, a causa de la reputación que tiene. ¿Que ocurre a la mente a la gente cuando el nombre de tu empresa esta mencionado? Siempre esfuerzate para entregar productos de calidad y servicios buenos, a un precio justo y siempre tendrás éxito.

Siempre trata de proveer productos de calidad, con servicio excelencia, a un precio justo y tendrás un gran éxito.

Productos de Calidad+Servicios de Calidad+Precios Justos= Exito

Prov. 16:11 Dios quiere que seas honrado en todos tus negocios.

Carácter hace la confianza posible. Confianza hace posible Negocio.

Es importante desarrollar y mantener un carácter piadoso. Guarde tu palabra, así ganaras la confianza de la gente. El carácter honrado te dará la confianza para hacer las cosas en una manera derecho aun cuando esta es mas costoso. Vale mas y es mas importante agradar a Dios que cambiar tu integridad por una ganancia temporal. Dios exige justicia y rectitud en cada trato en el comercio. Dios es quien establece las reglas.

Si acaso llegas a fallar en una área. (lo mas seguro que SI lo vas a hacer). Honestidad y confesión produce mas para obtener perdón, y la segunda oportunidad que cualquier otra cosa. No pones pretextos y excusas. Admite tus errores y pide perdón. No mientes. No encubre o culpar a terceros. Toma la responsabilidad y hagas las cosas bien.

Capitulo Seis

NO RINDES...Nunca._____

Ef, 6;9 *También ustedes, amos, deben tratar a sus esclavos con igual respeto y sin amenazas. Recuerden que tanto ustedes como ellos pertenecen al mismo Dueño. Ese Dueño es Dios, que está en el cielo, y él no tiene favoritos.*

NO aceptas la idea de renunciar. Este es el secreto de MUCHOS de los mas exitosos. Siempre habrá oposición, problemas...esto es bueno. Problemas son los guardianes del éxito. Problemas cuidan el éxito, para que no lo pertenece a nadie mas que los valientes y los que lucharon para obtenerlo. Si el éxito fuera fácil, todo el mundo seria exitoso. Persevera haciendo bien, y la cosecha vendrá.

Thomas Edison intentaba por mas de 1,500 veces descubrir y inventar el foco eléctrico. El tenia virtudes en 2 áreas...sus características y personalidad era que poseía mucha paciencia y mucha perseverancia. Era un chico pobre del campo que rehuso de ser vencido. Edison tenia mucha razón para tirar la toalla. No tuvo educación muy bueno, iba a la escuela por 3 meses solamente. Su madre en casa le daba clases, y a las 15 años ya se había perdido casi todo su capacidad de oír. Sin embargo, el pudo idear la idea de un fonógrafo, foco, películas de cine y mas cosas que cambiaron nuestro mundo. Casi no puede creer que alguien que no tuvo capacidad de oír pudo reproducir sonido. El primer aparato que pudo grabar y reproducir sonido. El es un gran ejemplo que NUNCA debemos sentir vencidos, sino continuar en perseverancia hasta que hay cosecha que Dios ha siempre planeado.

Thomas Edison dijo-
INTELIGENCIA 1%, SUDOR
Y PERSERVANCIA 99%.

Prov. 24:10 *Quien se rinde ante un problema, no demuestra fuerza ni carácter.*

Los campeones rechaza la idea de perder energía y pensamientos preocupando de los obstáculos. Ellos miran sus metas y confían en Dios quien promete ayudarlos. Desarrollo este clase de fuerza. No desmayes. Las tareas gigantescos, los puedes romper en tareas múltiples y mas chicos.

¿Como puede comer un elefante?
Un bocadillo tras otro!

Supera tus sentimientos y desanimo y con las promesas de Dios, MARCHA adelante hacia la meta. Pasar por la prueba, la adversidad es normal. Dios no te va a dejar, ni desampararte. Dios te va a ayudar subir este montaña y conquistarla.

Ecc. 4:10 *Porque si caen, el uno levantará a su compañero; pero ¡ay del que está solo! Cuando caiga no habrá otro que lo levante.*

Clama a Dios quien te va a ayudar. Dios muchas veces nos pone gente alrededor, que nos ayudan con la soledad, a tiempos que puede uno sentirse aislado, los problemas en estos momentos tienen la aparencial de ser MAS grande. Líderes aveces puedan experimentar una soledad, pero no tiene que ser así. Siempre hay amigos que son mas cercanos que un hermano.

LA FE siempre se pone
Totalmente en Dios.

Deut. 8:17,18 *No digas en tu corazón: "Mi poder y la fuerza de mi mano me han traído esta riqueza";*

sino acuérdate de Jehová, tu Dios, porque él es quien te da el poder para adquirir las riquezas, a fin de confirmar el pacto que juró a tus padres, como lo hace hoy.

Obviamente es Dios quien nos ha dado EL PODER y la fuerza para producir las riquezas. Así lo hace para dar validez al Pacto que hizo con nosotros. No duda Su Palabra. Pide en fe, creyendo que Dios te da la habilidad y capacidad para crear riquezas. Simplemente cree su palabra y cada día cuando trabajas espera la contestación de esta promesa.

Mark 10:27 *Para los hombres es imposible, pero no para Dios, porque todas las cosas son posibles para Dios.*

Servimos a un Dios poderoso de posibilidades.

DIFICILES Y OPORTUNIDADES DE-MASIADO GRANDES CREANDO UN CRISIS DE NUESTRA FE.

Cuando confiamos en Dios, viendo que EL hace algo que solamente El lo puede hacer, llegamos a una profundidad e intimidad nuevo con El. Fe requiere acción. Cuando confiamos en El Señor, nuestros pensamientos, acciones, palabras revelan que en verdad lo amamos y le creemos.

Santiago 4:6 *Pero él da mayor gracia. Por esto dice: «Dios resiste a los soberbios y da gracia a los humildes*

Ciertamente debemos estar seguro de darle a El, toda la gloria por el éxito de nuestras empresas. Humildad es un característica que siempre reconoce nuestro sostén y fuente brotan finalmente de Aquel que dio su vida por nosotros y es quien nos da el poder para crear riquezas. Dios opone y resiste personas altivos y orgullos. If Dios esta trabajando EN CONTRA tuya, no hay esperanza de tener éxito. Dios sin embargo da misericordia y gracia, su favor no merecido ayudando, dando favor y recursos a los que se humillen delante El. La humildad paga buenos divisas con Dios y con los seres humanos.

No seas altivo ni confía en tus propias fuerzas. Este clase de orgullo siempre precede alguien antes de caer. Dios ES tu sostén, tu auxilio, tu socorro, siempre. A El debe dar el honor, la gloria, y la alabanza por lo que puedes lograr en tus éxitos. Así en esta manera la gente darán cuenta que tu vida es diferente y estas viviendo tal como Dios lo ha pedido. Tu vida entonces llega a ser un testimonio, un sermón...muchos te van a observar en el proceso.

Santiago 4:2,3 *Codiciáis y no tenéis; matáis y ardéis de envidia y nada podéis alcanzar; combatís y lucháis, pero no tenéis lo que deseáis, porque no pedís. Pedís, pero no recibís, porque pedís mal, para gastar en vuestros deleites. ¡Adúlteros! ¿no sabéis que la amistad del mundo es enemistad contra Dios? Cualquiera, pues, que quiera ser amigo del mundo se constituye en enemigo de Dios.*

La oración es muy poderoso. Con denuedo debemos pedir a Dios quien contesta la oración eficaz. Examina tus motivos, que no están pidiendo cosas muy personales a tus placeres personales...procura de agradarlo a El en sus oraciones.

Ser Generoso

Prov. 11:25 *El que es generoso, progresa; el que siembra, también cosecha.*

Prov. 22:9 *Dios bendice al que es generoso y al que comparte su pan con los pobres.*

Lucas 6:38 *En verdad, Dios les dará la misma medida que den a los demás. Si dan trigo, recibirán una bolsa llena de trigo, bien apretada y repleta, sin que tengan que ir a buscarla".*

La Generosidad es un clave MUY importante para tener éxito. SEA generosa con tu tiempo, con tu conocimiento, con tu dinero. Cuando siembra maíz, cosecha maíz, cuando siembra uvas, uvas cosechan. El principio de Sembrar y Cosechar va mucho mas allá de sencillamente el dinero. Siembra lo que tu quisieras cosechar.

Lo que tu hagas y sucede en otros...DIOS hará y sucederá en ti.

La Generosidad puede incluir:

- Dando diezmos a tu iglesia local.

- Cuidando de los desamparados, huérfanos y viudas,

- Ayudando a otros para tener éxito en sus negocios.

- Dando su tiempo, talentos y energía con jóvenes, drogadictos vecinos etc.

- Dando libros, herramientas asistiendo otros iniciar negocios.

"El desarrollo inicia con la generosidad y termina en la generosidad, Dios nos ama mucho y por esto no nos ha dejado como vagabundos, buscando como salir adelante. Nuestras vidas no son completas y maduras hasta que podemos aprender

SER MUY GENEROSOS...   Tu Negocio puede ser que se hizo una realidad por la generosidad de otros.-----Tim Troyer.

Nunca seremos realizados y completos hasta que aprendemos ser generosos en ayudar a otros alcanzar sus mets

---Tim Rovenstine